Wild

Unkraut gibt es überall. Und gesund und lecker ist es auch. Anstatt sich zu ärgern, kann man es einfach essen.

Mit Brennessel, Giersch und Franzosenkraut lässt sich tolles Pesto machen. Vogelmiere ist der beste Salat und schön wird's mit Klee und Gänseblümchen. Die Kräuter in diesem Buch lassen sich alle gut erkennen. Sie kommen häufig vor und wohnen wahrscheinlich direkt vor deiner Tür. Stadtwildpflücker finden reiche Beute im eigenen Garten oder Nutzgarten zwischen Salat und Rüben. Biobauern und Gärtner freuen sich, wenn man ihnen das Unkraut wegpflückt, also braucht man nicht unbedingt eine idyllische Bergwiese. Die Rezepte sind während meiner Kräuterwanderungen entstanden und möchten zum Ausprobieren anregen.
Ich hoffe, dass sie dir die Pflanzen am Wegesrand kulinarisch näherbringen.
Liebe dein Unkraut & go wild!

Tanja

PS: Ich koche ziemlich pur, einfach und nach Gefühl. Die Mengenangaben sind Richtwerte und die Rezepte sind vor allem als Inspiration für eigene Kreationen gedacht!

Alle Rezepte können vegetarisch und vegan zubereitet werden.

WILDKRÄUTER

Brennnessel
1,5 m · März - Okt.

Die Brennnessel ist gesünder als Spinat und schmeckt viel voller! Sie macht dich stark wie einen Krieger und reinigt ordentlich durch. Nach dem Kochen, Quetschen oder Hacken brennt nichts mehr und es kommt ordentlich Vitamin C auf den Teller. Superfood vom Straßenrand.

SUPPE. SPINAT. SALAT. PESTO. **Junge Triebe und Samen.**

Vogelmiere
0,15 m · Jan.- Nov.

Die kleine sternenblumige Vogelmiere versteckt sich gerne zwischen Salat und Balkonblumen und wächst sogar unterm Schnee. Sie schmeckt frisch-salatig-nussig und ist voller Mineralien und Vitamine. Toll als Salat und Stampf.

SALAT. STAMPF. PESTO. **Triebspitzen.**

Giersch
0,80 m · März - Okt.

Über dieses nahrhafte Gichtkraut sollte sich kein Gärtner ärgern. Petersilienfrisch geht's ab in den Salat und rein in die Suppe. Die Römer liebten das gesunde Dauergemüse und säten es fleißig am Wegesrand.

SUPPE. GEMÜSE. PESTO. SALAT. **Junge Blätter und Blüten.**

Franzosenkraut
0,50 m · Mai - Okt.

In ihrer südamerikanischen Heimat muss dieses Kraut in die "Ajiaco-Suppe", sonst schmeckt's nicht. Mineralisch und vitaminreich als Gemüse und peppig in Salat und Suppe. Gut zu Zucchini.

SUPPE. SALAT. PESTO. GEMÜSE. **Triebspitzen.**

Taubnessel 0,50 m März - Okt.

Die taube Nessel schmeckt mild und hat honigsüße Blüten, die Kinder gern aussaugen. Junge Blätter sind fein in Salat und Pesto, und die Blüten sind ein süßer Schmuck. SALAT. SUPPE. PESTO. **Junge Blätter und Blüten.**

Löwenzahn 0,40 m März - Sept.

Bitter macht luftig - die herben Blätter regen Verdauung und Entwässerung an und passen gut in Salat und Pesto. Wer's sonnig mag, haut die Knospen in die Pfanne und dekoriert mit den Blüten.
SALAT. PESTO. **Junge Blätter und Blüten.**

Gänseblümchen 0,15 m Jan.- Nov.

Die lieblichen Blumen gibt es fast ganzjährig und peppen Salat und Suppe auf. Die frischen Blattrosetten isst man wie Feldsalat. SALAT. SUPPE. PESTO. **Junge Blätter und Blüten.**

Wegerich 0,40 m März - Sept.

Der König der Wege macht fit und vital. Er schmeckt als pilziges Pesto und jung im Salat.
SALAT. PESTO. **Junge Blätter. Samen.**

Rotklee 0,4 m Apr.- Sept.

Rotklee enthält Carotin und Isoflavone. Die rosa Blüten sind schön als Deko und die jungen Blätter sind nahrhaft im Salat.
SALAT. SUPPE. **Junge Blätter und Triebe. Blüten.**

Gundermann 0,2 m März - Okt.

Herb-aromatisch würzen die Blättchen das wildeste Pesto. Die winzigen Blüten schmecken himmlisch.
PESTO. QUARK. GEWÜRZ. **Blätter und Blüten.**

WILDES PESTO

½ Tasse Nüsse

2 Tassen Wildkräuter*

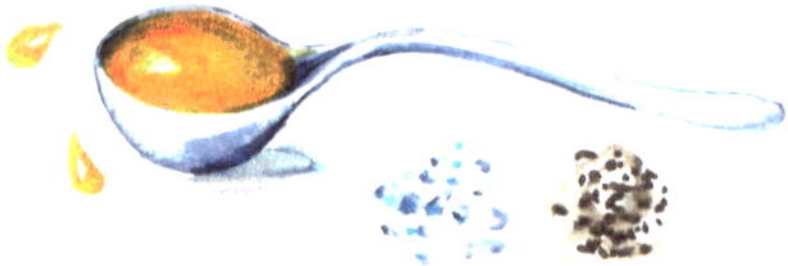

ein paar Löffel Olivenöl
Salz & Peffer

Pecorinokäse gerieben & ein Spritzer Zitrone

VEGAN wird's mit Oliven statt Pecorino

Im Mixer kleinhacken, und auf Baguette oder frisch gebackenem Brot servieren

*WILDKRÄUTER FÜR PESTO:

Junge frischgrüne Blätter von Brennnessel[1], Giersch[2], Taubnessel[3], Spitzwegerich[4], Breitwegerich[5], Franzosenkraut[6], Schafgarbe[7] und Vogelmiere[8]. Wenig junge Blätter von Löwenzahn[9] und Gundermann[10].

WILDER BLUMENSALAT

GRÜNE NEUNE

WILDKRÄUTER

1 Tüte junge Brennnesseln[1] und Giersch[2]

NACH BELIEBEN

Taubnessel[3], Wegerich[4], Vogelmiere[5] ein paar Blätter Gänseblümchen[6], Klee[7], Löwenzahn[8] und Gundermann[9].

1 Stange Lauch oder 1 Zwiebel und 1 Knoblauchzehe in Butter oder Olivenöl dünsten. 1 Zucchini und 1 Kartoffel in Würfeln zufügen. Nach 10 Minuten gewaschene Brennnesseln nach und nach beimischen und mitdünsten. Nach Geschmack mit 0,5 Liter Wasser oder Gemüsebrühe ablöschen und noch 5 Minuten köcheln lassen.

Traditionell gegen Frühjahrsmüdigkeit mit neunerlei Krautern

Suppe pürieren und mit Salz und Pfeffer abschmecken. Ras el-Hanout passt gut als Gewürz. Nach Wunsch mit (pflanzlicher) Sahne oder Schmand verfeinern. Servieren mit Gänseblümchen!

WILDPFLÜCK TIPPS

WAS

Pflücke nur, was du erkennst

Ich stelle hier bekannte und gut erkennbare Unkräuter vor, die man nicht so leicht mit giftigen Kräutern verwechseln kann. Du solltest dir aber immer 100% sicher sein, was du erntest und gegebenenfalls KennerInnen fragen oder an einer Wildkräuterwanderung teilnehmen.

WIE

Gezielt abschneiden

Wildkräuter bitte mit Respekt behandeln! Also nicht mit Wurzel ausreißen. Lieber mit einer Schere den Teil abschneiden, den du brauchst. Brennesselspitzen über einem Behälter abschneiden und hineinfallen lassen.

WO

Sauber pflücken

Gepflückt wird wo's sauber ist. Tabu sind: Abgase, Herbizide, giftige Böden, viele Hunde und Naturschutzgebiete! Im Wald und auf Wiesen ein paar Meter entfernt vom Wegesrand ernten. Wildkräuter gibt es viel im eigenen Garten und in gemeinschaftlichen Nutzgärten. Ich ernte am liebsten bei der Biobäuerin. Die hat immer viel Vogelmiere und freut sich wenn ich komme!

Ernte: Am liebsten bei der Biobäuerin

Nicht zu wild loslegen

Wildkräuter sind super gesund, nahrhaft, umweltfreundlich und vital. Unser Magen und Verdauungssystem sind aber nicht mehr an sie gewöhnt. Also in kleinen Mengen loslegen, z.B. mit Pesto oder ein paar Blättern im Salat. Für empfindliche Mägen ist Vogelmiere gut.

WANN

Frühlingsfrisch

Wildkräuter möglichst jung, zart, saftig und hellgrün sammeln. Dunkelgrüne, ältere Blätter und Triebe werden schnell holzig und bitter. Von Kräutern wie Brennnessel und Taubnessel nimmt man die oberen Triebspitzen, Gierschblätter sollten sich gerade entfalten. In milden Wintern kann man ab Februar ernten, die sprießenden Frühlingskräuter sind extra zart und nahrhaft. Im Sommer ist Saison für Franzosenkraut, Blüten und nachwachsendes Grün und weiter geht's bis Anfang November.

WIEVIEL

Nur was du brauchst

Pflücke nur soviel du brauchst und direkt verarbeiten kannst. Wildkräuter kann man auch ein paar Tage im Kühlschrank aufheben, schmecken aber frisch am besten. Man pflückt soviel, dass noch genug Kräuter stehen bleiben, Grundregel – maximal eine von zehn Pflanzen ernten.

WILDE SUPPE

100 g junge Brennnessel ernten, gut waschen und abtropfen lassen.

FÜR 2 PERSONEN

1 Knoblauchzehe in
2 EL Butter oder Olivenöl
andünsten und Brennnesseln
kurz mitschmoren.
2 rote Paprika in Streifen
geschnitten zugeben, kurz
dünsten und mit 125 ml
Gemüsebrühe ablöschen.
10 Minuten köcheln lassen.

WILDKRÄUTER GRÜNDLICH WASCHEN

Kräuter aus dem Wasser in ein Sieb heben und abtropfen lassen, so kommt kein Sand mit. Wiederholen bis das Wasser in der Schüssel sauber bleibt.

Suppe pürieren und mit Salz und Pfeffer abschmecken. Nach Wunsch mit 1 EL (pflanzlicher) Crème Fraîche oder Schmand verfeinern.

Lecker mit selbstgebackenem Brot.
Ich backe gern kleingeschnittene Blätter von Brennnesseln, Taubnesseln oder Gundermann mit.

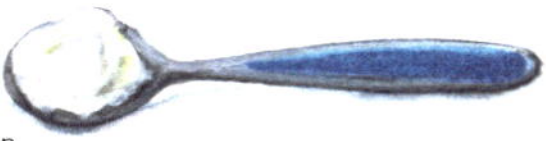

WILDER STAMPF

ERNTE
2 Hände frische Vogelmiere pro Person. Mit der Schere über dem Boden abschneiden. Gut waschen.

3 Bio-Kartoffeln pro Person sauber bürsten und in der Schale gar kochen in wenig Salzwasser. Wasser verkochen lassen.

Kartoffeln stampfen mit ordentlich Butter oder einem Schuss Olivenöl. Würzen mit Pfeffer und Muskatnuss und evtl. extra Meersalz.

Extra Zutaten zum Variieren

VEGAN:

Avocado, Tomaten, Hanfsamen, Brennnesselsamen, essbare Blumen.

VEGETARISCH:

Feta, Mozzarella, hart gekochtes Ei.

SALAT SOSSE

2 EL Joghurt 5–10% Fett
1 EL Hanföl oder Olivenöl
1 TL Balsamico oder Zitronensaft
Salz und Pfeffer

VEGANE SOSSE

2 EL Hanföl, 1 TL Balsamico, Salz und Pfeffer

Besonders mag ich dazu die schönen, scharfen Blumen der Kapuzinerkresse, die prima im Balkonkasten gedeihen.

WILDE LASAGNE

WILDER BRENNNESSEL-SPINAT

400 g (1 kleine Tüte) Triebspitzen von Brennnesseln waschen und kleinschneiden. Knoblauch in Butter andünsten und Brennnesseln 5 Minuten schmoren. 100 g (pflanzliche) Sahne zugeben und kurz erwärmen. Mit Salz und Pfeffer abschmecken und nach Wunsch pürieren.

2–3 Mozzarella
6 Tomaten
500 g Räucherlachs + Zitrone
(oder 200 g Feta)
200 g Lasagneplatten

Hier kommt die Brennnessel kulinarisch groß raus!
Wer's sahnig und fischig mag wird diese Lasagne lieben.
VEGETARISCH: Feta statt Fisch. VEGAN: Lachs ersetzen durch getrocknete Tomaten, Mozzarella durch veganen Käse.

LASAGNE FÜR 4 PERSONEN

Ofenschale mit Butter oder Olivenöl einreiben und mit Lasagneplatten auslegen. Räucherlachs mit Zitrone beträufeln und in Streifen schneiden. Die Zutaten schichten: Zuerst Brennnesseln, dann Lachsstreifen, dann Tomatenscheiben. Abschließen mit Lasagneplatten und Mozarellascheiben. 30 Minuten bei 180° C im Backofen backen – Guten Appetit!

IN VORBEREITUNG:

Wilder Kräutertee & Limonade

Wilde Kräuterparty

Gesunder Menschenverstand ist eine Grundvoraussetzung beim Verzehr von Wildpflanzen. Kräuter können allergische Reaktionen hervorrufen und kleine Kinder und Schwangere sollten immer vorsichtig sein mit Kräutern.

Impressum

REZEPTE, TEXTE & ILLUSTRATIONEN
Tanja Hilgers
www.tanjahilgers.nl

HERAUSGEBER
Jaja Verlag
Fein illustrierte Machwerke
www.jajaverlag.com

2. Auflage 2017